5日間のゆるめるワークで、

伸びるだけでやせる体に!

勝手にやせる!

ット

KADOKAWA

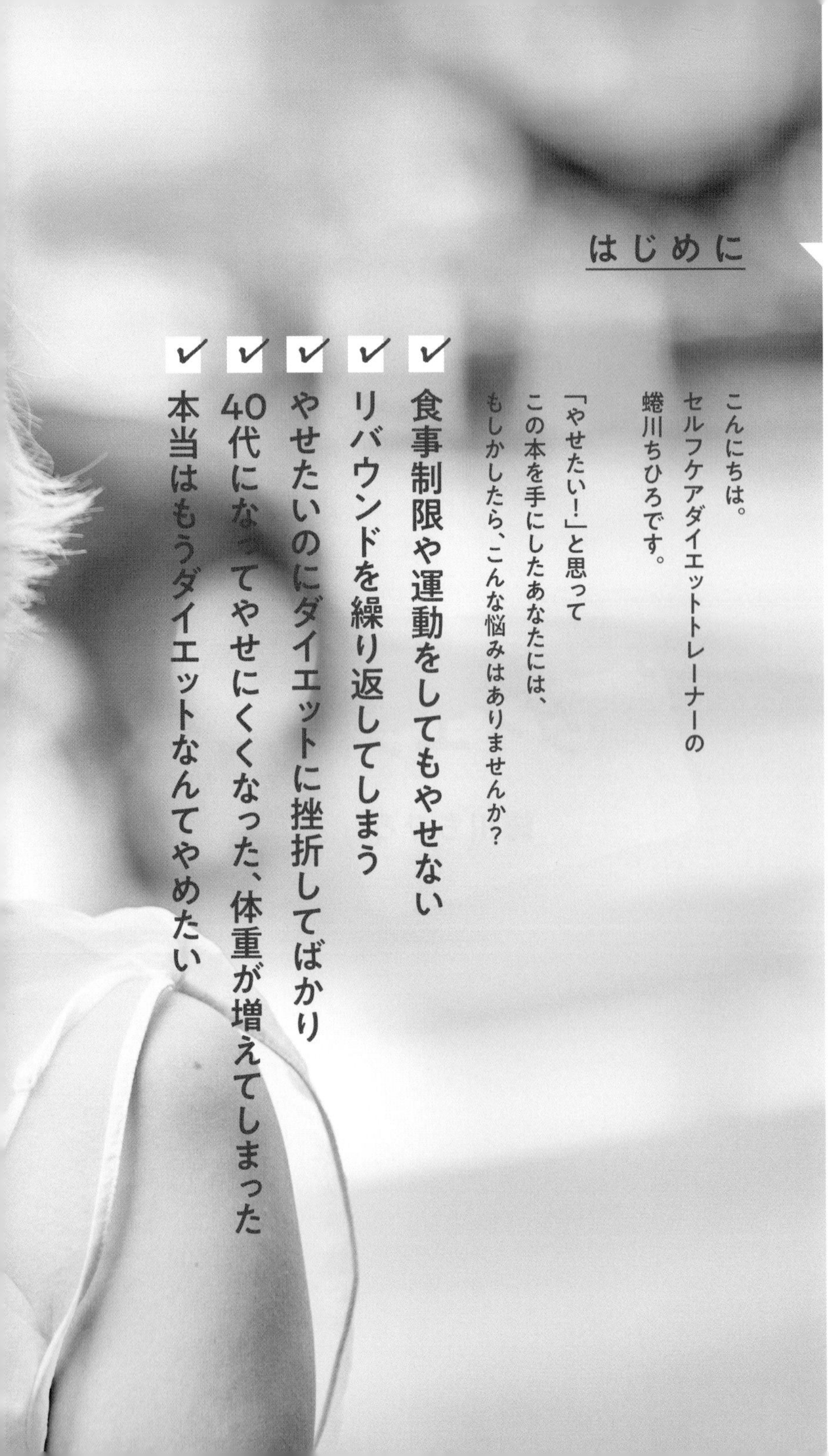

はじめに

「ダイエット＝がまん」だと思っているあなたへ

こんにちは。
セルフケアダイエットトレーナーの
蜷川ちひろです。

「やせたい！」と思って
この本を手にしたあなたには、
もしかしたら、こんな悩みはありませんか？

- ✓ 食事制限や運動をしてもやせない
- ✓ リバウンドを繰り返してしまう
- ✓ やせたいのにダイエットに挫折してばかり
- ✓ 40代になってやせにくくなった、体重が増えてしまった
- ✓ 本当はもうダイエットなんてやめたい

でも大丈夫！

何をやってもやせなかったり、
リバウンドや挫折をしてしまうのは、
あなたのせいではありません！
ダイエットのやり方が、
間違っているだけなのです。

世の中のダイエットは
「食事」と「運動」でやせられる
と教えているものがほとんど。
しかし、それだけでは難しいのが現実。
もちろん、正しい食事や適度な運動は
ダイエットや健康管理には必要です。

でも、あなたがなかなかやせられない本当の理由は、
ズバリ、ストレス！
太る一番の原因は

「メンタル」

なのです。

どんなにバランスのよい食事をしても、
一生懸命に体を動かしてカロリーを消費しても、
ストレスを抱えていれば、
無意識のうちに暴飲暴食に走ってしまいがち。

イライラで緊張が続くと体が硬くなり、
血流が悪くなって老廃物がたまり、
太りやすくなってしまうのです。

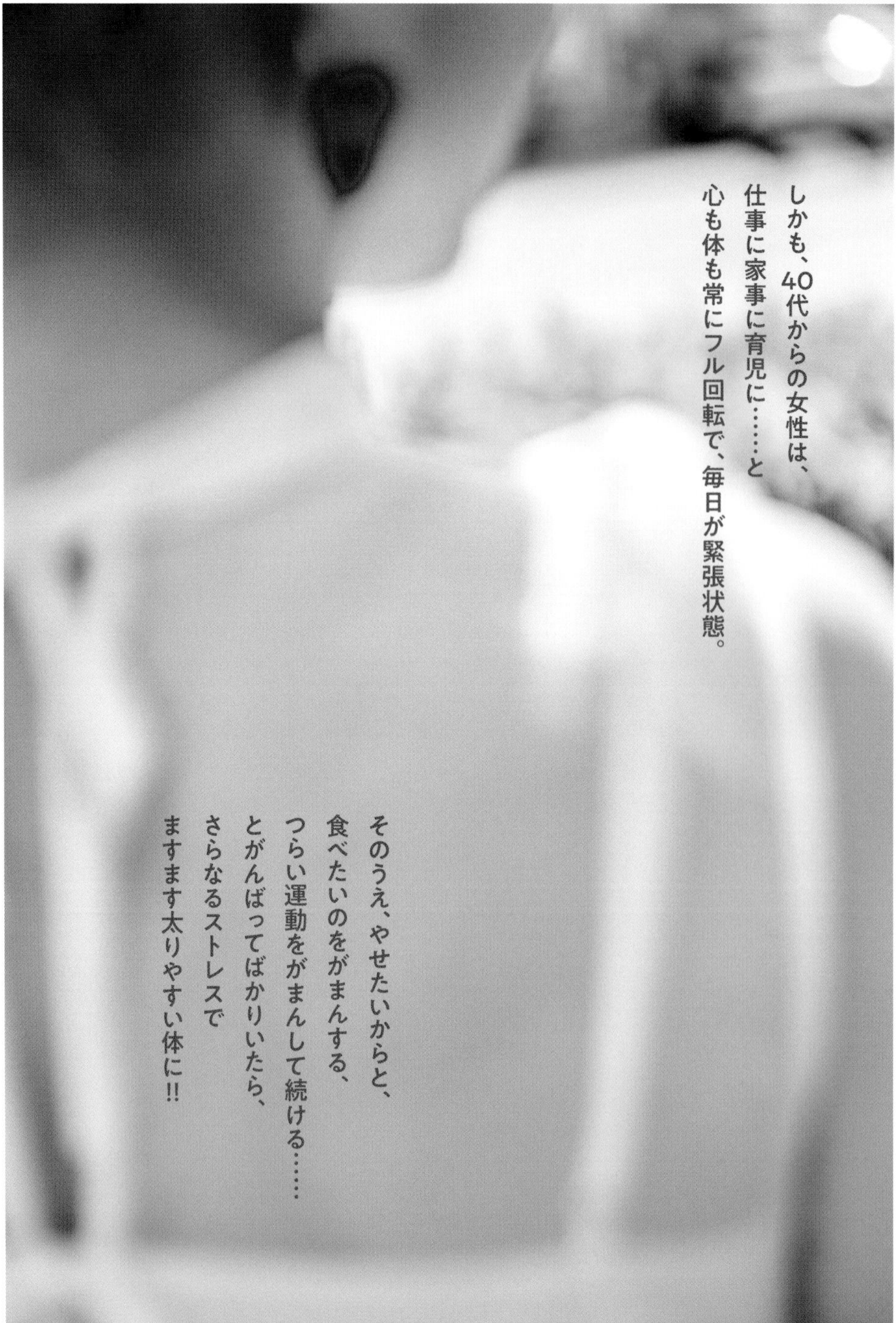

しかも、40代からの女性は、
仕事に家事に育児に……と
心も体も常にフル回転で、毎日が緊張状態。

そのうえ、やせたいからと、
食べたいのをがまんする、
つらい運動をがまんして続ける……
とがんばってばかりいたら、
さらなるストレスで
ますます太りやすい体に!!

あなたはすでに毎日がんばっています。
だから、

もうがんばらなくていいんです。

まずはカチカチになった心と体をゆるめましょう。
そうすれば、ダイエットをしなくてもやせていきます。

これが、私が提唱する
「勝手にやせる！　ダイエット」です。

40代からのダイエットは
血流をよくすることが大切。
心をゆるめてから、
体を動かしましょう。

心がゆるめば自律神経が整い、
カチカチだった体もゆるみます。
すると、全身の血流がよくなって、

女性は30代後半から
少しずつ女性ホルモンの分泌が
減っていき、代謝や筋肉量が落ちて、
むくみやすい体に変わっていきます。
その状態で体を動かしても、
老廃物がたまるばかりで、
ダイエットには逆効果になることも。

勝手にやせる体に！

さあ、メンタルを整えて
ワクワクしながら
理想の体型を手に入れましょう！

CONTENTS

CHAPTER 1

蜷川流「5日間のゆるめるワーク」のはじめ方

CHAPTER 2

ワクワクやせる！「ゆるめるワーク」の続け方

CHAPTER 3

伸びるだけでやせる体の目指し方

SPECIAL WORK

自分の「好き」を書き出そう！

STAFF

デザイン　柴田ユウスケ、吉本穂花、竹尾天輝子（soda design）
撮影　松木宏祐
DTP　山本秀一、山本深雪（G-clef）
校正　文字工房燦光
編集協力　加曽利智子
編集担当　今野晃子（KADOKAWA）
写真協力　アマナ（P27、P33、P39、P45、P51）

蜷川流
「5日間の
ゆるめるワーク」
のはじめ方

まずは「勝手にやせる！　ダイエット」の実践プランである
「5日間のゆるめるワーク」にトライ！
幸せ度が上がると腸の働きがよくなり、
がんばらなくても自然に体が変わっていきます。

CHAPTER 1

Self Check

今のあなたの心と体の状態は？

ダイエットをしてもなかなかやせられない、食べる量はほぼ変わっていないのに太る、ダイエットしたら逆に太ってしまった……。そんなダイエットの悩みを抱えるあなたのストレス度をチェックしてみましょう。

☑

Check 1

伸びをしてみてください。体はどんな感じですか？

解説

「気持ちいい〜」と感じた人は、体がカチカチ状態。伸びをすることで体の緊張がほぐれて、心地よくなるのです。もともと体がゆるんでいる人は、伸びをしても普段からほぐれているので、特に何も感じません。

☑

Check 2

夕食を作るときの気持ちはどんな感じですか？料理をするときの体の状態はどうですか？

解説

夕食を作るときに「疲れているから本当は何もしたくない、休みたい」「何だかだるいし、面倒だな～」と感じたら、あなたの心と体はすでにキャパオーバーです。

心も体もストレスでいっぱいでは、過食に走ったり筋肉がカチカチで、どんなにダイエットしてもリバウンドを繰り返し、やせにくく太りやすい体に……。

次のページから、心と体をゆるめるだけで勝手にやせていく「5日間のゆるめるワーク」を紹介しますので、さっそくチャレンジしてみてください。

←

「5日間のゆるめるワーク」をはじめる前に……

「勝手にやせる！ダイエット」ガイド

カチカチになった
心と体をゆるめるだけ
ストレスを手放すことで
自然とやせていく
究極のダイエット法

「勝手にやせる！　ダイエット」とは、まずは心をゆるめ、心がゆるむことで体もゆるんで全身の血流がよくなり、伸びるだけで勝手に体がやせていく方法です。

　やることは、たった5日間、毎日心と体のワークを1つずつ日替わりで行うだけ。食事制限や筋トレは一切なし。思考からやせるオリジナルメソッドです。

勝手にやせる！ ガイド１

心がゆるむと、体もゆるむ

マインドから体を変えていけばラクにやせられる！

世の中のダイエットは、「太ったから食事を変える、運動をする」など、「ついてしまった余分な脂肪」をとるために何をするかを考えているものがほとんど。しかし、太ってしまう根本の原因を解決しなければ、食事や運動で一時的にやせても、元に戻ってしまいます。「勝手にやせる！ ダイエット」では、最初に、食べ過ぎて太る一番の原因＝メンタルに働きかけます。具体的には、心地よく前向きな気持ちになれるワークで、日常のストレスで重く硬くなった心をゆるめます。

すると体もゆるんで、血流や腸の働きがよくなります。その状態で、伸びる、ひねるなど、お腹まわりを刺激する簡単なワークをすることで、ラクにやせていくのです。

勝手にやせる！ ガイド2

5日間のルール

☑

5日間、全部を楽しみながら実践すること

理想の体型になって幸せな毎日を過ごす自分を思い浮かべながら、ひとつひとつのワークを行いましょう。楽しみながら取り組むと、それだけで心がゆるんで、やせやすい体に近づいていきますよ。

☑

ゴムの服を着ないこと。いい女になりきる！

左のページで紹介しますが、この5日間は「自信にあふれたいい女」になりきって過ごします。いい女はウエストがゴムの服は着ません！ とにかく服装からあなたが考えるいい女になっちゃいましょう。

勝手にやせる! ガイド3

5日間毎日行うミッション

1日に10回以上「あー幸せ♡」とつぶやく

「あー幸せ♡」は言うだけでやせる魔法の言葉！心や体がリラックスして筋肉がゆるみ、血流がよくなって全身の代謝がアップします。この5日間で、ログセにしちゃいましょう。

「自信にあふれたかっこいい人、憧れの人」になりきって24時間を過ごす

この５日間は、あなたが憧れる自信にあふれていてかっこいい女性になりきって過ごしましょう。食べるとき、歩くとき……、憧れの女性ならどうするかを意識して行動することがポイントです。

毎日「心のワーク」と「体のワーク」を1つずつ行う

（※具体的な内容はP24~25に一覧表で紹介しています）

５日間、「心のワーク」と「体のワーク」を毎日１つずつ行います。心のワークは朝イチに、体のワークは朝と夜に１分ずつ、が基本。日替わりで違ったワークを用意していますので、お楽しみに！

はじめる前の準備

5日間でみるみる変わっていく自分にワクワクしながらトライ！

これから行う「5日間のゆるめるワーク」でダイエット効果を最も実感できるのが、お腹やせです。そこで、ワークをはじめる前にお腹まわりのサイズを測っておきましょう。ただし、やせたかどうかが気になって毎日サイズを測るのはNG！　サイズの変化ばかりにとらわれ、ストレスになって心も体もゆるまなくなってしまいます。5日目のワーク終了後に、再びサイズを測って比較しましょう。

全身の写真も撮影しておきます。体のラインがよくわかる服装で、全身を撮影。ウエストのくびれなどをチェックしましょう。横からや後ろからの姿も撮影すると、普段は気づきにくい自分の姿勢などがよくわかります。

ちなみに体重は測りません。サイズと同じで体重の変化を気にするとストレスに……。大事なのは見た目の変化です。

準備1

「おへそまわり」と「おへその下」を測る

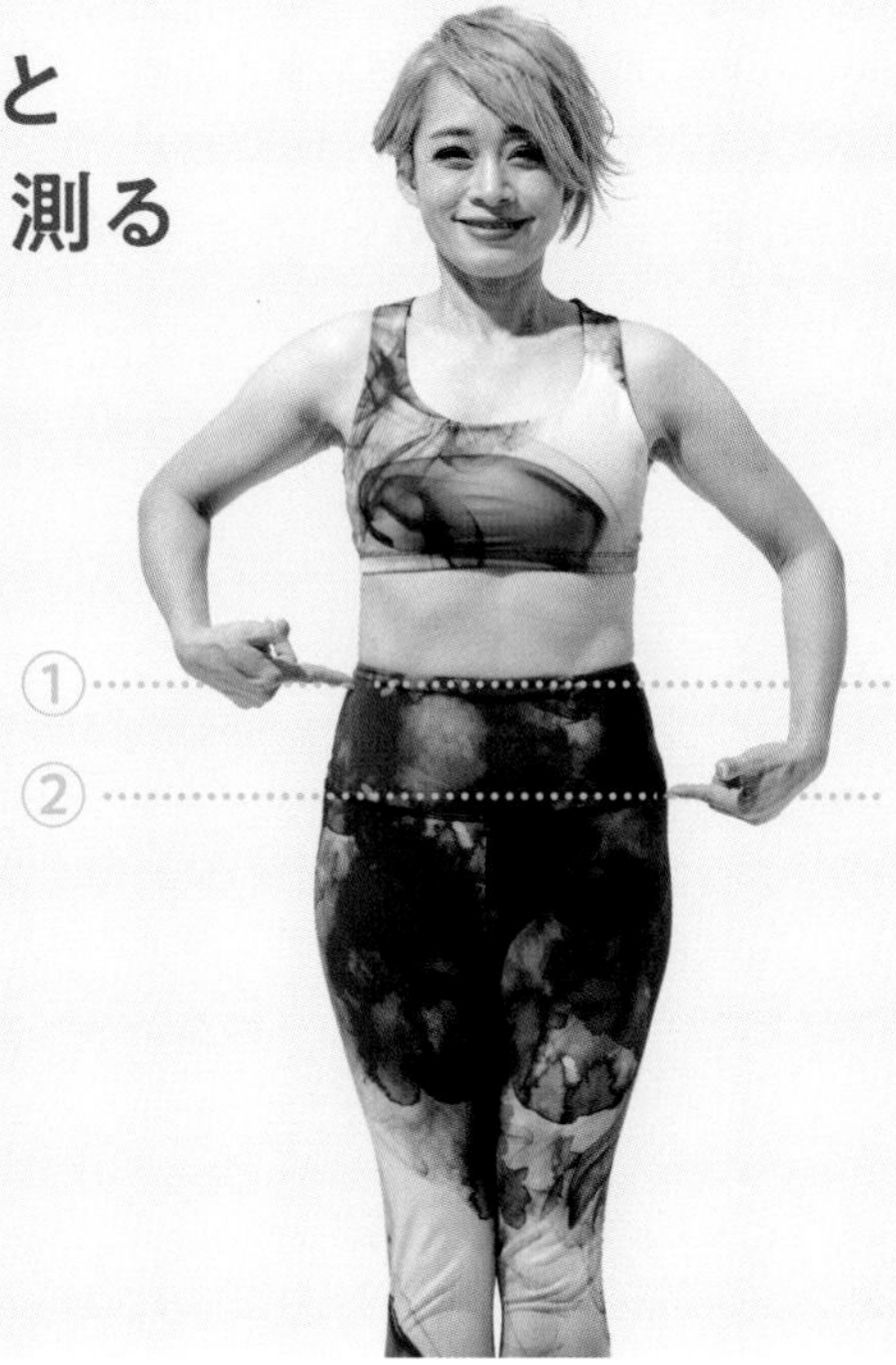

Point 1

「おへそまわり」①

おへその真上を通るラインで測ります。ウエストの一番くびれている部分よりやや下になります。

Point 2

「おへその下」②

おへその下で、お腹がぽっこりと一番盛り上がっているラインで測ります。おへそから5㎝程度下を目安に。

準備2

正面の全身写真を撮影する

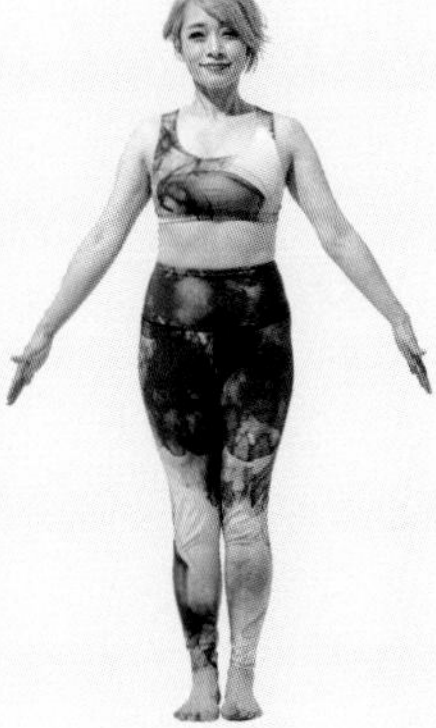

スタンドを使ったり棚などにスマホを置いて、セルフタイマーで全身を撮影しましょう。できれば、横からや後ろ姿も。お腹まわりのサイズ変化をチェックするので、お腹まわりが腕で隠れないように注意。

心をゆるめて、体を伸ばす！
「5日間のゆるめるワーク」一覧表

★ ダイエットを始める前にこの表をコピーなどして見やすいところに貼っておくと、5日間の内容が一目でわかって毎日ワクワクしながら実践できます。

★ 体のワークは朝晩1分ずつが基本なので、朝晩の歯みがきタイムにするのがいいかも。洗面所に貼っておけば忘れずに続けられます。

	Day 1	Day 2
心のワーク	人生で一番幸せだったときのエピソードを教えて 朝イチにやろう!	今までで一番癒された場所はどこ？五感で思い出を教えて 朝イチにやろう!
体のワーク	左右に伸びる！ 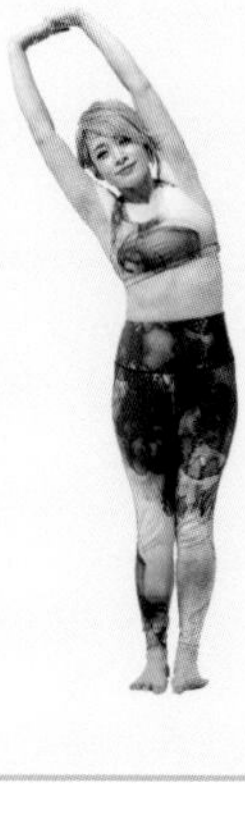 朝1分&夜1分	お腹まわりをねじる！  朝1分&夜1分

＼ これも5日間忘れずに行いましょう! ／

毎日の基本

1. 1日10回以上「あー幸せ♡」とつぶやく
2. かっこいい自信にあふれた人、憧れの人になりきって、24時間を過ごす
3. 毎日「心のワーク」と「体のワーク」を1つずつ行う

Day 3

「私の好きなところは
どんなところ?」って
家族や友だちに
聞いてみて

相手にも伝えよう!

お腹まわりを
回す!

朝1分&
夜1分

Day 4

今日で
自分の人生が終わる
と思って生きてみて

朝チェック&夜チェック

お腹まわりを
反る!

朝1分&
夜1分

Day 5

あなた自身に
そして大切な人に
「大好き!」って伝えて
ハグして

朝イチにチャレンジ!

お腹まわりを
振る!

朝1分&
夜1分

Day 1

心のワーク

人生で一番幸せだったときのエピソードを教えて

朝イチにやろう!

あなたが今まで生きてきて、一番幸せだと感じたことは何ですか？涙を流すぐらい喜んだり、たくさん笑ったりした思い出をひとつ、書き出してみましょう。スマホにメモをするのでもかまいません。

Day 1

心のワーク

感情をのせて書くと心も体もよりゆるむ

一番幸せだった出来事を思い出すと、そのときのハッピーな気持ちが心のなかにパーッと広がってリラックスできます。

ですからエピソードを書き出すときには、「結婚式をあげたとき」などの出来事だけではなく、その際の自分の感情も一緒に文字にしましょう。心も体ももっとゆるみます。涙が出てきたら、思いっきり泣いてもいいですよ。

私が今までで一番幸せだと思ったのは、子どもが生まれたとき。初めての出産では分娩時間が長くて、生まれた瞬間、私が泣くよりも先に夫が泣き崩れていました。その夫の姿をみて「あー幸せ♡」と心の底から思ったことを鮮明に覚えています。

✓ みんなのハッピーをシェアしよう

みんなの幸せエピソードをシェアします。あなたももっと幸せな気持ちになって心がほぐれていきますよ。

長女が生まれたとき

ちっちゃい手足を動かす娘をこの腕に抱いたときは、「やっと会えた」と涙があふれました。これを書いている今も「あー幸せ♡」。

自分たちの結婚式

あんなに自分をきれいにしたのは初めて。たくさんの笑顔に囲まれ、横には最愛の夫がいて幸せ。ずっと笑っていた1日でした。

フィンランドでオーロラを見たとき

初めて見たのは、グリーンのオーロラ。マイナスの雪の世界、夜の静かな世界。目の前が揺れたときの、あの感動は忘れられません。

夫と出会った南仏の旅行

何でもないことをたくさん話して、たくさん歩いて、たくさん笑って。ひとつひとつの出来事を、あたたかい光とともに覚えています。

エジプトでピラミッドを見たとき

はるばる来た満足感で悠久の時代を感じ、「昔の人はすごいなあ。どうやって作ったんだろう？」と想いを馳せ、幸せなひとときでした。

中2で両想いになったとき

気になっていた男子からの手紙に「ボーイッシュなきみがすき」と！うれしくてキュンキュンした気持ちが蘇ってきました。

※実際に「勝手にやせる！ダイエット」を体験した方々の声です。

Day 1

体のワーク

左右に伸びる!

心のワークで心がゆるむと、体もリラックスして動きやすくなります。そのタイミングで、毎日朝晩1分ずつ、体のワークを行いましょう。普段よりも体が動きやすい状態なので、簡単な動きでも血液の流れがスムーズに。結果、代謝がアップしてやせやすい体に変わっていきます。

一番の狙いは「お腹やせ」。1日目は、お腹の横を伸ばします。骨盤から脂肪を引っ張るようにして左右交互に1分間、朝と夜に1回ずつ行いましょう。

朝1分 & 夜1分

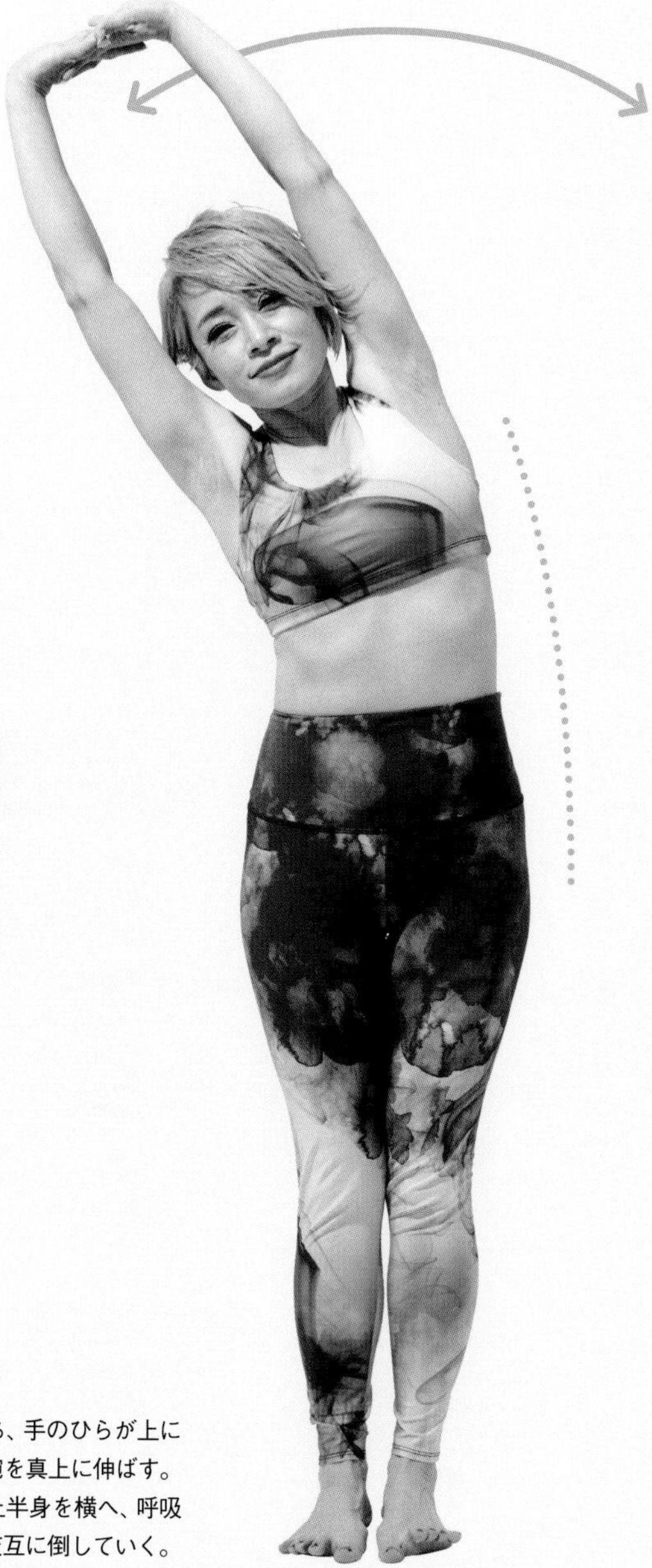

体が硬い人は
両手でタオルを持ってもＯＫ

足をそろえて立ち、手のひらが上に向くよう組んで腕を真上に伸ばす。息を吐きながら上半身を横へ、呼吸のリズムで左右交互に倒していく。

Day 2

心のワーク

今までで一番癒された場所はどこ？五感で思い出を教えて

朝イチにやろう！

あなたが今まで生きてきて一番癒された、気持ちのよかった場所はどこですか？写真が手元にあればぜひ見ながら、音、匂い……など、五感でそのときのことを思い出しながら、スマホや紙に書き出してみましょう。

Day 2

心のワーク

音や匂いも思い出すともっと気持ちよくなる

目に焼き付いている光景だけではなく、例えば癒された場所が「温泉」なら、その温泉のお湯の音や匂い、お湯のちょっとぬめっとした感触なども思い出して書いてみましょう。視覚だけでなく五感で思い出すことで、何倍も心がゆるみます。

私の最高に癒された場所は「ハワイのマウイ島」。夜明けの気持ちよい海風の潮の香り、波の音、鳥の声、頭のうえで大きな木の葉っぱが風に揺れている音。朝日がのぼる瞬間のオレンジと青の混ざった空、すごくピースフルですごいエネルギー!! 全身がハワイのエネルギーに包まれて、神様に会ったような気がしました。

✓ みんなが癒された場所をシェアしよう

みんなの癒された場所をシェアして、
共感したりワクワクしたりすることで、
あなたの心ももっともっと癒されますよ。

フィリピンのアマンプロでの景色

自然のなかに身を置くことが、何もせずに自然を感じられることがこんなに幸せなんだと感じられたひととき。

近所の公園の富士山が見える場所

新雪を踏みしめながら富士山が見えるごくわずかなポイントへ。冷たくて澄み切った空気のなか、雪化粧をした富士山を見て癒されました。

サイパンでのダイビング

真っ青な海。透明度が高すぎて、100m先まで青く、宇宙に浮いているような感覚。そしてロタホールの神秘的な光に癒されました。

伊豆半島ヒリゾ浜の海のなかの景色

シュノーケリングをして、心地よい水温で体がぷかぷか浮いて、目の前に次々と現れる色とりどりの魚たち。かわいくてきれいで感動！

結婚式を行った鶴巻温泉の「陣屋」

木漏れ日から聞こえる鳥のさえずり、池には錦鯉、玉砂利を敷き詰めた階段は足裏で大地をとらえる感覚。五感が研ぎ澄まされる空間。

夫とつきあうきっかけになった旅行で行った静岡の鍾乳洞

神秘的でひんやりとした感覚。あまりゆっくりはできなかったのですが、あの場所にいるだけで体が浄化される感じがありました。

※実際に「勝手にやせる！ダイエット」を体験した方々の声です。

Day 2

体のワーク

お腹まわりを ねじる！

2日目の体のワークは、お腹を左右にねじります。骨盤から下は正面を向いたまま固定し、お腹から上を左右にねじるイメージで行いましょう。

このときに、足をクロスして立ったほうが、しっかりとお腹をねじることができます。右にねじるなら右足を前に、左にねじるなら左足を前に出すといった要領で足をクロスします。早くねじる必要はありません。心のなかで「1、2、3、4」とゆっくりかぞえながら行いましょう。

朝1分
&
夜1分

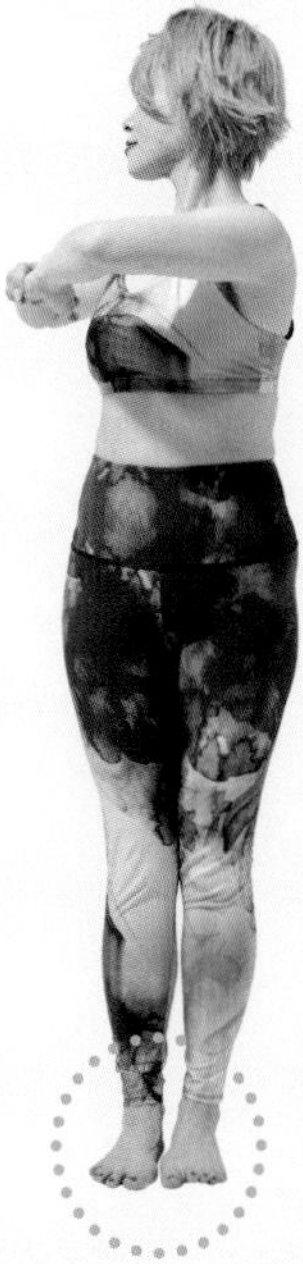

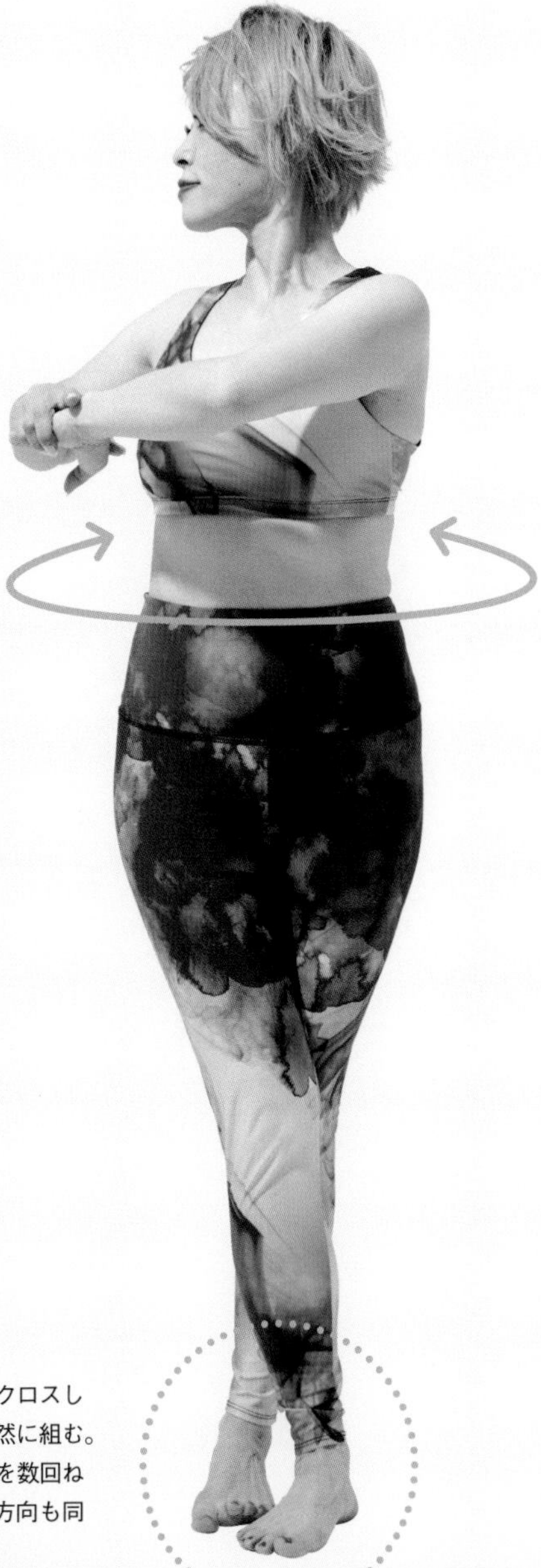

✓ 足をクロスすると
バランスがとりにくい人は
両足をそろえてもＯＫ！

右足を前に出して左右の足をクロスして立ち、両手は胸の高さで自然に組む。その状態から右方向へ上半身を数回ねじる。左右の足を変えて、左方向も同様に。左右数回ずつ1分間。

Day 3

心のワーク

「私の好きなところはどんなところ？」って家族や友だちに聞いてみて

相手にも伝えよう！


聞く相手は夫、子ども、両親はもちろん友だちや知り合いでもOK。

自分の好きなところを言ってもらってみてどんな気持ちになったか、書き出しましょう。

聞いたあとに相手の好きなところも伝えてね。

Day 3

心のワーク

相手に「聞く」ことで自分を解放してあげて

自分から「私のどんなところが好き？」と聞くのは、ハードルが高いなと思った人も多いでしょう。それは、「自分に自信が持てない、自分にはそんなにいいところがない」と思っているから。でも聞けた瞬間、あなたは「自信のない自分」から解放されて、心がゆるみます。どうしても言葉に出して聞けない人は、メールやラインでもＯＫ！やせたかったら勇気を出してチャレンジをしましょう。そして、言ってもらった感想を書き出してみてください。

聞いた相手には、必ず「私はあなたの○○が好きよ」と伝えることも忘れずに。相手との人間関係がきっとよくなりますよ。

「私のどこが好き?」って聞ける自分に花マル!

夫が今日はほめまくってくれてびっくり。中1の娘は「性格全部」「真面目なところ」、中3の息子は「ムリ!」とのことでしたが、そのうち言ってくれると思います。

お互いに自然でいられるところが好き

夫に聞いたら「一緒にいてくれることそのもの、自然でいるところが気を使わず好き」とのこと。私もまんまでいられるところが大好きです。

✓ みんなの好きなところをシェアしよう

みんなの好きなところを読んでいるだけでやさしい気持ちに包まれて、ほっこりとしてきます。

夫の一言に感動して涙が……

夫が真面目な顔で「一緒にいてくれたらいいんですよ」と言ってくれて、もう涙があふれてしまって……感動とうれしい気持ちだけが残りました。

うれしい言葉がいっぱいで「あー幸せ♡」

健康意識が強い、公平にやさしい、気配りがすごい、あきらめない、愛にみちあふれている、太陽みたい……。うれしい言葉をいっぱいもらって「あー幸せ♡」。

思春期の娘からのメッセージに感動!

12歳の長女から「考え方がポジティブなところ、ノリがいいところ」とのメッセージをもらいました。思春期まっしぐらの娘からのメッセージに、ウルウルしました。

うれしくて幸せな気持ちになりました

行動力がある、笑顔が素敵(夫)。料理がおいしい(長女)。お母さん毎日楽しそう(次女)。向上心が高く、興味を持った物事に行動するところ(友だち)。

※実際に「勝手にやせる!ダイエット」を体験した方々の声です。

Day 3

体のワーク

お腹まわりを回す!

3日目の体のワークは、お腹を左右に回します。回すときのポイントは、骨盤にはりついている筋膜を伸ばすように意識すること。肩だけ回していたのではお腹やせ効果が得られません。

腰を回すときには、お腹まわりがひっぱられているような感覚を常に感じながらゆっくり回します。そのためには腰に手をあてるときに、骨盤の上あたりに親指をおいて両手で骨盤をしっかりと押さえながら腰を回すことが大切です。

両足を肩幅〜やや広めくらいに開いて立ち、手は腰にあてる。その状態から骨盤から腰を上にひっぱるようなイメージで腰を右へ回す。続けて左へ回す。左右1分間ずつ。

Day 4

心のワーク

今日で自分の人生が終わると思って生きてみて

朝チェック&夜チェック

朝イチでワークの内容を確認し、「今日が人生の最後の日」だと思って過ごしてみましょう。世界はどんなふうに見えましたか？何を感じたでしょうか？

それを1日の終わりに書き出してみましょう。

Day 4

心のワーク

人生の大事な時間をどう過ごすか見直して

「今日が人生最後の日」と思ったら周りの人に対して怒りや不満がなくなりませんでしたか？いつもと同じ空、同じ景色が美しく感じませんでしたか？

人は誰もが明日があると思って生きていることでしょう。でも、もしかしたら明日事故で死ぬかもしれません。

私たちはいつ何があってもおかしくなくて、今日生きていることすら奇跡なのです。

今日が最後だったらもっと大切に一日を過ごしたいし、いつもは言えない愛や感謝の言葉を伝えておきたくないですか。

あなたの人生はあなた次第。一度きりの人生を最高のものにするためにどう生きたいですか。

すべてのものが愛おしく感じました

目に映るすべてのものが愛おしく感じました。びっくりしたのは「今日はお酒を飲まなくていいか」と思ったこと。

家族と過ごす時間を大切に

三男が行きたいといったお店に行ってきました。子どもたちにかける言葉も、ひとつひとつ考えて声をかけていたように思います。

✓ みんなの人生最後をシェアしよう

人生最後と思って過ごしたら、忘れかけていた大切なことを思い出すきっかけになりますよ。

いつもと変わらない幸せな日

今日はお休みだったので、子どもたちの送迎をしたり、洗濯や掃除、好きなものを食べたり、お昼寝をしたり、大好きな家族を思いながら過ごしました。

何気ないことにも喜びを見出せて幸せ感爆上がり!

今日が最後かも⁉と思うと、ただ時間をやり過ごすのではなく「自分の意思で生きる」という意識が生まれることを感じました。

すべてに感謝して過ごしました

家の周りを散歩すると見慣れた景色をすべて愛おしく思い、猫がいたずらで荷物をひっくり返しても愛おしく、すべてに感謝！

周りを客観的に見られて穏やかな気持ちに

いつもはせかせかしたりカッとなったり、バタバタの日々ですが、穏やかに神様のような気持ちで過ごせた気がします。

※実際に「勝手にやせる！ダイエット」を体験した方々の声です。

Day 4

体のワーク

お腹まわりを反る!

4日目の体のワークは、お腹の前の部分を反らします。足を前に1歩出した姿勢から反ることで、腰への負担を軽くしています。ただし、腰痛のある方や、反ると腰が痛くなる人は無理をせずに、1〜3日目の「伸ばす」「ねじる」「回す」のいずれか、やりやすいものに変えてもかまいません。

また、お腹を反らしたときに体がグラグラする人は、片手で後頭部を支え、もう片方の手は壁にあてて行うと安定します。

朝1分
&
夜1分

バランスをとりづらい人は
片手を壁に

左足を1歩前に出し、両手を組んで頭を支えるように後頭部にあてる。その姿勢からゆっくりと上体を後ろへ倒してお腹の前を反らす。左右の足を変えて同様に行い、計1分間行う。反る回数は6〜8回で十分。

Day 5

心のワーク

あなた自身に そして大切な人に 「大好き！」って伝えて ハグして

朝イチにチャレンジ！


まずは、朝イチで自分に対して「大好き！」と言いながら、自分自身を抱きしめてあげましょう。

さらに、子ども、夫やパートナー、ペットなどに「大好き！」と伝えてハグをします。

ハグしたときにどう感じたか、書き出しましょう。

Day 5

心のワーク

幸せホルモンが出て安心感&幸福度アップ

私たちは触れ合うことで、幸せホルモンとも呼ばれる「オキシトシン」が分泌されて心が安らぎ、幸せな気分になります。ストレスが解消され、前向きになる効果もあると言われます。ちょっと勇気を出して、夫やパートナーとスキンシップをはかってみては？　家族や親友のほか、大好きな動物にハグするのもいいですよ。

また、セルフハグもおすすめ。自分で自分を抱きしめながら、自分自身に「ありがとう！　大好き」と声をかけてあげましょう。普段がんばっている人は、気持ちがゆるんで涙があふれてしまうかも……。それは、カチカチだった心がやわらいだ証拠です。

✓ みんなのハグをシェアしよう

ハグでゆるんだみんなの心の動きを読むと、あなたの幸せ度がますますアップ♡周りの人にやさしくしたくなりますよ。

朝から気持ちのよいスタートが切れました

子どもたちを朝、起こしてハグするとほっこり〜。夫には、彼が「行ってきます」と言ったタイミングで。まんざらでもない感じでした。

夫へのハグにドキドキ

タイミングを見て夫が寝ようとしているところに抱きついてみました。ドキドキ……。意外にもギューッと返してくれてうれしかったです。

もっと気楽に行こうと思えました

自分自身にハグ。やっているようでやっていなかった。スーッとゆるむような感じ。自分にそんなに厳しくなくていいんだと思えました。

気持ちを言葉にする大切さを感じました

夫とハグはしても「大好き」とは言っていなかったので、ちょっと照れくさかったです。言葉にするって大切だなと改めて感じました。

ハグって気持ちいいこれから毎日します!

いつもがんばりすぎている自分にハグ。夫とハグ。子どもに何回もハグ。ハグするのもされるのも気持ちがよいものですね。

自分にハグしたらウルウル……

一人と一匹暮らしの私。ワンコをたくさん抱っこして大好きって伝えました。自分に「大好き！」ってハグしたら安心してウルウルしました。

※実際に「勝手にやせる！ダイエット」を体験した方々の声です。

Day 5

体のワーク

お腹まわりを振る！

5日目の体のワークは、お腹まわりを振ります。上半身は固定したまま、骨盤のみを細かく無理のない速さでふるわせます。きらびやかな衣装をまとった女性がお腹を出して踊る、ベリーダンスのイメージです。

普段あまり体を動かしていない人は、最初はぎこちないかもしれませんが、正面を向いて骨盤だけを動かす感じで腰を振ってみましょう。途中でお腹が痛くなったりしたときは無理をせずに休みながら行いましょう。

朝1分
&
夜1分

両足をそろえて立ち、
両腕は肩の高さで横に
伸ばし、手は軽く握る。
その状態で骨盤を、1
分間、細かくゆする。

「5日間のゆるめるワーク」をやってみてどうでしたか?

はじめる前と今のあなたの心と体の変化を
チェックしてみましょう!

心の変化

- □ 「あー幸せ♡」と感じられるようになりましたか?
- □ つらさやストレスがやわらいで穏やかな気持ちになりましたか?
- □ 自分のことが好きになりましたか?
- □ 自分の本当の気持ちを大切にして生きていきたいと思いましたか?
- □ 家族や友だちなど大切な人にやさしくなりましたか?
- □ イライラしたり、怒ったりすることが減りましたか?
- □ 忙しい毎日でも楽しく心地よく過ごしていきたいと思いましたか?
- □ 自分の人生を大事にしたいと思いましたか?

幸せ度が上がれば自然とやせる！

5日後にサイズが変わらなかったとしても、がっかりしないで！　「あー幸せ♡」を続けて幸せ度がもっと上がれば、やせます‼　なぜなら、ストレスが少なくなって食べすぎることが減るから。また、心や体がリラックスして血流がよくなるので全身の酸素が増え、代謝が上がり、やせやすい体になります。

5日間ミッション
コンプリート！
お疲れさまでした

体の変化

□ お腹まわりがすっきりしましたか？

★ はじめる前と同じように（P23参照）
「おへそまわり」①と
「おへその下」②のサイズを測り、
写真を撮って、体の変化を確認しましょう！

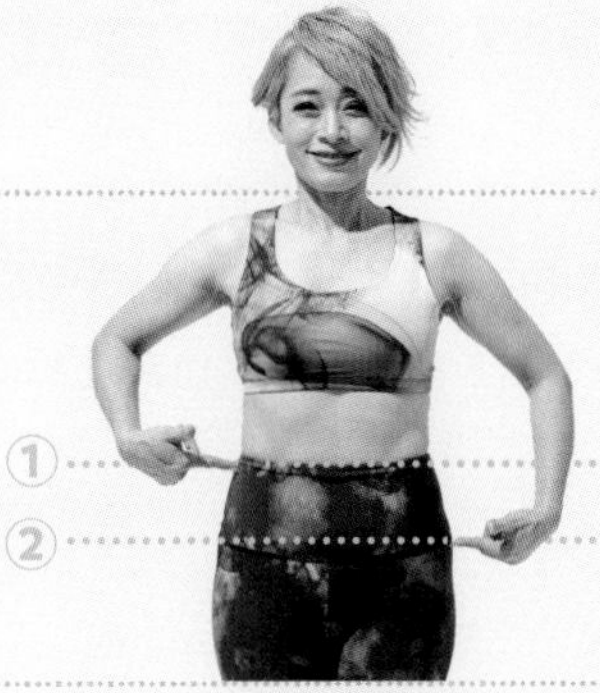
①
②

□ むくみが解消されましたか？

□ 姿勢がよくなってきましたか？

□ 気持ちよく眠れるようになりましたか？

□ 体が元気になってきましたか？

「あー幸せ♡」の5日間で
心も体もゆるんで血流もアップ!!

「5日間のゆるめるワーク」お疲れさまでした!

5日間でどんな変化が起きたのか、心と体のワークの毎日のミッションをコンプリートされた方々の声を紹介します。

VOICE 1

毎日の習慣になっていたお腹まわりのマッサージを1週間やらなかったので不安でしたが、最終日に**おへそまわりが−3cm、おへその下が−1cm**とサイズダウンしていてびっくり♡

VOICE 2

5日目の夜にお腹まわりを測定したら、初日に比べて**おへそまわり−1.5cm、おへその下−2.5cm**でした。顎下がすっきりして、**ヒップも少し上がった**感じです!

VOICE 3

最終日に測定したら、**おへそまわりが−1.2cm、おへその下が−3.5cm!**　初日と最終日の写真を並べて見たら、初日の姿勢のひどさに驚愕! **5日間で背筋が伸びた**気がします。

VOICE 4

サイズの変化はありませんでしたが、確実に**幸せ度が上がって、体のゆるむ感覚**もありました。これからも「あー幸せ♡」は、自分にも周りにも言い聞かせ続けたいです。

VOICE 5

5日後のサイズは、**おへそまわり−0.1cm、おへその下が−0.2cm**。でも、始める前と最終日の写真を見比べると、もう少しやせている気が……。2週間延長してやってみます!

VOICE 6

「あー幸せ♡」をずっと言っていたら、言っていない日は娘から「今日は言ってないよー」と教えてもらえるように(笑)。**心が温かくなりました!**

VOICE 7

自信にあふれたかっこいい人をイメージしながら姿勢や歩き方に気をつけていたら、オフィスで**「スタイルいいですよね!」と言われてびっくり♡**　楽しいので引き続き行います。

VOICE 8

おへそとおへその下のサイズは変わりませんでしたが、**アンダーバストからウエストまわりのラインがすっきり**した感じ。意識で姿勢が変わった効果だと思います。

VOICE 9

楽しくトライでき、いろいろな気づきもあって、**自分の体を大切にしてあげよう**と思うことができました。後悔のない人生になるように、楽しみながら毎日を過ごしていきたいです。

VOICE 10

「毎日続けられるかな?」と思って始めましたが、気づいたら「明日のワークは何だろう?」と楽しみに!　「自分の好きなところ」のワークでは**自分に自信が持てるようになりました。**

VOICE 12

普段なかなか考えないことや、子どもなど身近な人とハグするなんて、**自発的にはできないこともワークのおかげでできました。**とてもよかったです。

VOICE 11

「今日で人生が終わるなら……」のワークを体験して、**人生に満足していたけれども、もっと望んだり手放したりしていいんだ**と思えました。あとは自分にやさしく、大切に♡

ワクワクやせる!
「ゆるめるワーク」
の続け方

「5日間のゆるめるワーク」が終わったら
毎日の生活のなかに64ページから紹介する
心をゆるめる15のコツを取り入れてみましょう。
「体のワーク」もがぜんやる気になるはず!

CHAPTER
2

ゆるライフ

24時間気持ちよく過ごす！

心地よい生活で〝ゆるワーク〟を続けて太らない体に変わる!!

楽しく幸せな毎日で がんばらなくてもやせる!

アラフォー女性が太ってしまう原因は、仕事、子育て、人間関係、夫婦関係など日常生活のストレスによるものがほとんど。ストレスを感じると、食べることでストレスから逃れて快楽を得ようとして、過食に走りやすくなります。イライラすれば体は緊張して血流が悪くなり、老廃物がたまりやすく、むくみやすい体になってしまいます。

「5日間のゆるめるワーク」で、心と体をゆるめてやせやすい体になったのに、普段の生活で心身ともにカチカチに逆戻り……では残念ですよね?

ストレスを減らすには、自分の心と体が喜ぶことがカギ! 実は、私のダイエット計画の基本は「24時間ずっと心地よい生活をすること」なのです。

この章では、毎日の生活のなかで、心と体をゆるめていく方法を紹介していきます。できそうなものから、ぜひお試しを。毎日を楽しく幸せにして「体のワーク」も2日に1回ぐらいのペースで続けてみてください。

自分の心と体の声に
耳を傾けてね!

ゆる
ライフ
01

スケジュールの断捨離で心地よく過ごす

「なかなかやせられない……」と悩んでいるあなたは、もしかしたら、体がいつも疲れていませんか？　ぐっすり寝たはずなのに、朝起きたときに体が重くありませんか？　その状態のままでは、残念ながらなかなかやせません。なぜなら血流が悪いから。

私たちの体は、疲れると血液がドロドロになります。血流が悪くなるので老廃物がたまりやすく、太りやすくなります。さらに脳は、心の疲れも体の疲れもストレスとしてキャッチします。すると、脳は「食べたい！」という信号を発して、食べ過ぎてしまうことに。

つまり、やせやすい体になるには、自分が疲れないレベルで生きることがポイントです。

ついこの間までは、仕事から帰ってきたらすぐに夕食を作っていたのに、最近は休憩してからでないとキッチンに立つ気がしない……。洗濯物をとりこんだらパパっとたたんでいたのに、近ごろはおっくうで……。

これらに心当たりのある人は、心も体もキャパオーバーで悲鳴をあげている状態。疲れやすさは、状況や年齢などによって変わります。そのときの体に合わせて、自分の体を使うことを考えましょう。

また、太っている人は、断捨離が苦手な傾向があります。断捨離と聞くと「物」をイメージする人が多いかもしれませんが、疲れない生活をするためには「スケジュール」の断捨離が大切です。何もかも自分でやろうとせず、何かを減らしたり、人の手を借りるなどしましょう。

例えば、家族にいろいろな料理を作ってあげたくても時間がかかりすぎると他のことが終わらないので、品数を減らす。仕事が忙しくて家事の時間が限られるなら、食器洗いは食洗機、洗濯ものは乾燥機に頼る……。

太ったままでいたくないなら、スケジュールの断捨離をして心地よい毎日にしていきましょう。

ゆる
ライフ
02

家中に癒しグッズを置いてリラックスタイムを増やす

我が家では、私が家のあちこちに、かわいいもの、面白いものなどを置いています。

忙しくてイライラしたり、子どもたちを叱りたくなったときに、そんな癒しグッズたちが目に飛び込んでくると、ふっと気持ちがゆるみます。同時に、握りこぶしを振り上げたくなるくらいガチガチになっていた体もゆるんでいくのを感じます。

例えば、玄関には小鳥の置物を。「行ってきま〜す」「ただいま〜」のたびに見て、穏やかな気持ちになります。家の顔とも言われる玄関に小鳥を置いておくと、よい気が家のなかに入ってくるような感じもします。

パソコンの横には、くたびれて横たわっているスズメの置物を。この

我が家の癒しグッズの一部をご紹介！　まごの手のような形の「竹手棒（チクティ棒）」は、筋膜をゆるめるために考案された手のひらサイズのマッサージ棒。

スズメの姿を見て、「このスズメさんに比べたら、まだまだ私は元気。がんばれるわ」とテンションをあげて、パソコン作業に取り組むことも！

机には、「Ｐｅａｃｅ」の文字が刻まれた石を。「Ｐｅａｃｅ」の文字を見ながらいろいろなことに思いを馳せたり、石を握って冷たさを感じてみたり……、五感を刺激してくれるアイテムです。

また、兎年のお正月には、お供え餅のそばに、ウサギとカメの置物を添えて飾りました。お昼寝しているウサギの背中のうえにちょこんと乗っているカメの姿は、童話「ウサギとカメ」を思い起こさせます。でも、この人形は二匹が競争しているのではなく、一緒にお昼寝中……。そんな表情を見ているだけで、ほっこりしてきます。

ちなみに、見てリラックスするだけでなく、実際に体をほぐすためのマッサージ棒もいつも手の届くところに置いています。

こんなふうに癒しグッズをちょっと置いておくだけで、家にいながらにしてリラックスできる機会は確実に増えます。その積み重ねがストレスを減らし、日常的に心と体をゆるめてくれます。

ゆるライフ 03

推しの写真を貼って癒されながら生活にハリを！

仕事をして子どもの面倒も見て、そのうえ家事もしなくちゃならなくて家ではイライラ。会社では人間関係でモヤモヤ……。

このような毎日では、心も体も常に緊張状態で血流が悪くなり、太りやすい体へまっしぐら！

そんなときにおすすめなのが、家やオフィスで自分の目が留まる場所に、自分が好きな人、今イチオシの人、応援したい人など、いわゆる「推し」の写真を貼っておくことです。

イライラやモヤモヤすることがあっても、推しの写真を見たら「怒って怖い顔している私の姿なんて、推しに見られたくない」「人間関係で気になることがあっても、私には推しがいるから大丈夫！」と気持ちが切り替わり、その瞬間、心も体もゆるみます。

ほかにも推しの写真には、ダイエットに関わるこんな効果が！

食事をするテーブル、パソコンの横など、あなたの生活の場のあちこちに推しの写真を置いておきましょう。すると、一日中、推しに見られているような状態に。そこで「体のワーク」をするのもおすすめです。

食事をしているときに推しが自分を見ていると思ったら、テレビやスマホを見ながらのながら食いや、おなかがすいて早食い、なんてしませんよね？　ながら食いも早食いも、満腹感が得られにくく、太る原因に。推しの写真を置くことで、自然と太りやすい食べ方をしなくなります。

また、パソコン作業をしているときは、たいていの人は画面やキーボード操作に夢中になるあまり、背中が丸くなっています。でもパソコンの横から推しが見ていたとしたら、カッコ悪い自分の姿は見られたくないですよね？　そう思うと、自然と背筋を伸ばすようになるでしょう。

そして何よりも、推しに見つめられていると思うだけで癒され、生活にハリが出て、平凡な日々がワクワクの毎日に変わっていきます。

ゆる
ライフ
04

大きく息を吐いて
カチカチの体をゆるめる

「家のことも仕事のことも、何をやってもうまくいかない」

「がんばっているのに認めてもらえない」。

そんなときは、「どうして自分だけ？　どうせ私は何をやってもダメ。いいことなんてひとつもない……」などとネガティブな思考になってしまうもの。心がギューッとなって、体も緊張して力が入ってしまいます。

力が入ると筋肉は硬直し、血流も悪くなって体のすみずみまで酸素が行き渡らなくなり、脳までもが酸素不足に。頭の働きが鈍くなり、何をやってもうまくいかないといった悪循環に陥ってしまうのです。

どうしたら、その状態から抜け出すことができるのか？

おすすめは、「はぁ〜」と声を出しながら、大きく息を吐くことです。

私たちの体をコントロールしている自律神経には、緊張しているときに優位に働く「交感神経」と、ゆるんでいるときに優位に働く「副交感神経」があります。

本来、自律神経は自分の意思ではコントロールできないものですが、ゆっくり深く息を吐くことで、副交感神経が優位になり、リラックスした状態になります。血行もよくなり、体中に酸素がめぐるようになり、筋肉も頭のなかもゆるゆるにやわらかくなります。

そうなればしめたもの！　脳も体もゆるゆるのときほど、最大限の力を発揮してくれるので、何をやってもうまくいく好循環になっていきますよ。筋肉がやわらかくなるので、やせやすい体にもなります。

もともと私たちの毎日は、仕事、人間関係など、緊張の連続。普段から交感神経が優位になっている人がほとんどです。

さあ、あなたもうまくいかないとき、肩に力が入っているなと思ったら、「はぁ～」と声を出しながら、大きく息を吐いてみてください。たった1回、深く息を吐いただけで、緊張がゆるんでいくのを感じるはずです。

ゆる
ライフ
05

好きな香りに包まれてリフレッシュ

自分の好きな香りに包まれていると、気持ちがよくて体もリラックスして、どこか安心感もありますよね。まさに、自分の心も体も幸せな状態！　このように、脳が「気持ちいい」「幸せ」「安らぐ」と感じると、心も体も自然にゆるみます。

実際に以前、受講者に自分の好きな香りをかいでもらい、そのあとにマッサージを施術したら、香りを使わずにマッサージをしたときよりも、かなりサイズダウンしたことがありました。

24時間気持ちよく過ごしてやせやすい体になるために、生活のなかに自分の好きな香りを上手に取り入れてみましょう。

お気に入りの香りのアロマオイルをひとつ手に入れれば、いろいろな楽しみ方ができます。アロマディフューザーを使って自分の部屋を好きな香りでいっぱいにしたり、バスタイムに芳香浴で癒されたり、ハンカチに数滴たらして持ち歩いたり……。

もっと手軽に好きな香りと暮らすなら、ルームスプレーを利用したり、ルームフレグランスを飾ったりするのもいいでしょう。毎日使う石けんやボディソープ、ボディクリームやハンドクリーム、ヘアミストの香りにこだわってみるのも素敵！　入浴剤、柔軟剤などでいい香りに包まれて過ごすのもいいですよね。

私は、アロマや香水も好きですが、ほうじ茶の香りやコーヒーの香りも大好き。そこで、ほっと一息つきたいときには、お茶やコーヒーをいれて香りとともに味わっています。

そのほか、小さい子どもの頭の香りや秋の匂いも好きです。

自分の好きな香りがよくわからない……という人は、好きな匂いを探すことからはじめてみてください。１２４ページのスペシャルワークを活用してみてくださいね。

ゆる
ライフ
06

好きな音楽をかけて家事をお楽しみタイムに！

香りと同じように、脳を直接刺激してリラックス効果をもたらしてくれると言われているのが、音楽の力です。音楽には自律神経を整えたり、ストレスを緩和する効果があるとされています。

あなたも今までに、疲れたときやイライラしたときに好きな音楽を聴くことで、癒されたり気持ちが落ち着いてきた経験があるのではないでしょうか？

あるいは、元気がないとき、やる気が出ないときに、音楽を聴いたらテンションが上がって前向きになれた！　しんと静まりかえったオフィスよりも適度にBGMが流れていたほうがかえって集中できて仕事がはかどった！　という人もいるでしょう。

音楽が好きな人であれば、このような音楽の力を生活のなかに積極的に取り入れてみるのも、心地よく暮らすためのひとつの方法です。

掃除や片づけが苦手な人や、料理をするのがおっくうなときには、お気に入りの音楽をかけてみましょう。それだけできっと、不思議とやる気が出てきて体が動きやすくなったり、いつもと違ってキッチンに立つ時間が楽しくなってきます。

お風呂のなかでのんびりと音楽を聴いたり、疲れすぎて眠れないときに音楽を聴いたりするのもよいでしょう。

選曲のポイントはただひとつ。そのときの自分が耳にして心地よいと感じることです。アップテンポの曲がいいときもあれば、一緒に歌える曲を聴きたいときもあるでしょう。ときには静かな曲で、心が落ち着くこともあるかもしれません。心と体の状態に合わせて選びましょう。

ちなみに、「5日間のゆるめるワーク」の体のワークの1分間が長く感じてつらい……というときにも、好きな音楽をかけてみることをおすすめします。同じ1分でも楽しく取り組めて、もっと体がゆるみますよ。

ゆる
ライフ
07

ときめくものを身につけていつもハッピー！

私が今、仕事のときに必ず持ち歩いているのが、キラキラした表紙のノートと、頭にふわふわのついたボールペン！

見ているだけで、何だか楽しくなってきませんか？

自分がときめくものを身につける！　これも、私が24時間心地よく過ごすために、実践していることのひとつです。

前にもお話しした通り、好きな香り、好きな音楽で気持ちよくなって、心も体もゆるむなら、「目の前にあるもの、身につけるものすべてを自分が心ときめくもの、好きなものにしちゃおう！」というのが、私のゆるゆる大作戦です。

あなたが今、目の前に見えるもののなかに、自分のテンションが上が

いつもバッグに入れている、キラキラノートとふわふわボールペン！　ノートは100円ショップで見つけました！

るものはいくつありますか？

オンラインのセミナーなどでこの質問をすると、意外と多くの人が「ひとつもありません」と答えます。そんな人に私は「もっと毎日を楽しくしちゃっていいんだよ」とアドバイスをします。

心をゆるめる最も簡単な方法が、自分のテンションが上がるものを置くことなのです。

グリーンが好きなら観葉植物を置く、動物が好きなら動物のカレンダーを飾る、ふわもこが好きならお気に入りの肌触りのクッションを置く……。それだけで、たちまち、自分の周りがリラックスできる空間に変わります。

また、仕事などでどうしても緊張する場面に行かなくてはならないなど、ストレスフルな場面ほど、力を抜いて物事がうまく進むように自分が心地よくなるものが必要です。

そんなときには私は、大好きなキラキラボトルの香水をつけて、お気に入りのイヤリングやリングをして出かけます。

キュートなデザインにひと目ぼれした香水！　キラキラ、赤色など私の大好きなアクセサリーたち。

ゆる
ライフ
08

遊び心で心にも生活にもゆとりを持つ

我が家には、ボタンを押すと「ピンポン♪」と音がして「○」のマークが起き上がるアイテムや、問題に答えるときに「ジャジャーン、○！」や「ブブー、×」と相手の前に出すグッズなど、パーティーを盛り上げるようなグッズがいっぱいあります。

パーティーに限らず、普段、家のなかでもこんな使い方をしてみては？

「今日のごはん、カレーがいい人！」「ピンポン♪」

「もう宿題やった？」「ブブー、×……」

自然に笑顔になって家族みんなが和みますよね。一人暮らしの人でも、自分が面白いと思うグッズを近くに置くだけでなんでもない日常をワクワクさせて、心にゆとりをもたらしてくれます。心にゆとりがあれ

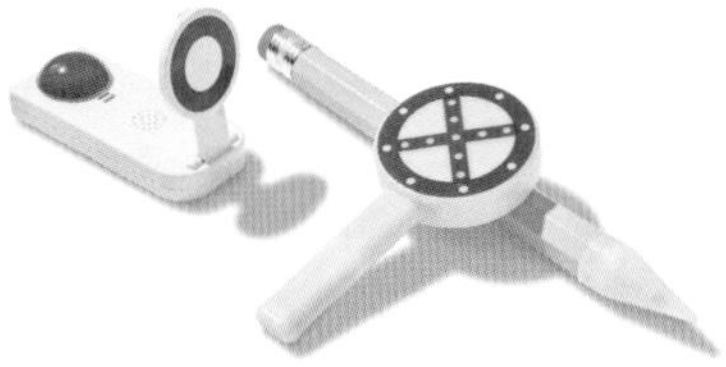

我が家の面白グッズいろいろ。早押しクイズでよく登場するピンポンブザーや、○×ブザーで子どもたちとコミュニケーション。全長約35㎝のジャイアント鉛筆はインパクト大!!。

ば、イライラすることも減り、体もゆるみます。

現実は、忙しさに追われて心にゆとりなんて持てない……という人もいるかもしれません。でも、怒ってばかりのお母さんだと、子どもたちもストレスを抱えてしまいます。

先日、仲間と集まって紙コップでお茶を飲んでいたときに、私が自分の紙コップに自分のつけまつ毛をつけたら、それを見たみんなが大笑い。こんなちょっとしたことで、気持ちがやわらいだり、もっと楽しい集まりになったり……。

楽しく生きることって、そんなに難しいことではないんです。

遊び心やいたずら心は、子どものときには、みんな持っていたと思いませんか？　でも、大人になるに連れて、やらなければならないことに追われ、効率よく作業をすることを求められ、周囲の目を気にして、いつの間にか心のゆとりを失ってしまっている人が多いような気がします。

忙しいときこそ肩の力を抜いて、ぷぷっと笑ってしまうようなしかけをしてみませんか？

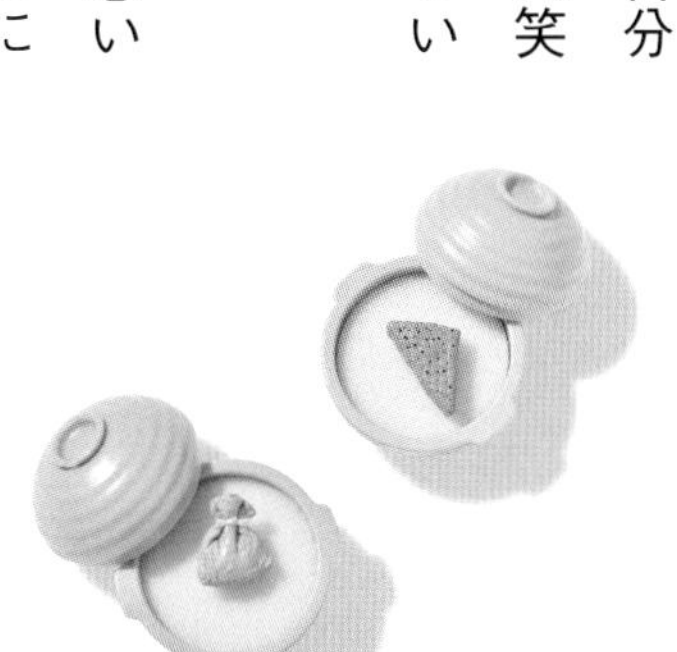

ガシャポンで見つけた、おでんのリング。土鍋のケースを開けてみると、こんにゃくや餅巾着のリングが！　見るだけでほっこり。

ゆる
ライフ
09

1日3回の大笑いでマイナス気分を吹き飛ばす！

前述した「遊び心」にも関連しますが、笑うと心と体がすぐにゆるみます。だから、私の考えるラクにやせる方法とは、笑うこと！

勝手にやせる体になるには、これが一番です。

では、どうして太ってしまうのでしょう？

私がセルフケアダイエットトレーナーとして、多くの女性の方を見てきて言えるのは、太る最大の理由は「ストレス」だということです。

毎日、一生懸命がんばって、やることもいっぱいあって、一日があっという間に終わって、夜はバタンキュー。これでは、幸せな時間など持てません。心にたまっていくのは「あーイライラする」「あー疲れた」といったストレスばかり。

私たちは、精神的、身体的、どちらのストレスも「食べること」で解消しようとしがちです。

食べたいわけでもないのに、無意識にチョコレートをつまんでいたり、ごはんをおかわりしたり……。

コロナ太りの人が増えたのも、外出が減って運動不足になったこともありますが、精神的なストレスから食べ過ぎてしまう人が多かったからだと思います。

そんなときに大事なのが、笑うこと。

笑うと、心が落ち着き、安心して副交感神経が優位になって自律神経のバランスが整います。自然とリラックスできるのです。

ダイエットに重要な腸の状態も、副交感神経が働いているリラックス状態ではよく動いて、老廃物や余分な水分などもスムーズに排出されていきます。

特に面白いことがなくても、口角をあげて笑顔を意識して！　1日3回の大笑いでマイナス気分を吹き飛ばしましょう。

ゆるライフ 10

怒らないコツを知ってストレスを手放す

突然ですが、あなたは「怒ると太る」って知っていますか？

人と関わっていれば、なかには自分とは考えが違う人がいます。それでイライラすることがあるでしょう。

会社なら上司や部下に、家族であっても夫や子どもに対して、自分の考え通りに物事が進まないと、「どうして？」「許せない！」などと怒りの感情がわいてきてしまうものです。

しかし、怒りという感情は体を緊張させ、血液の流れを滞らせて、あなたの体を太りやすくしてしまいます。

カーッとした怒りは肩まわりや二の腕を緊張させ、ムカッとした怒りは胸のあたりに緊張を作ることが多いと言われています。やせるためには、体の緊張を解き、ゆるんでいる状態をつくることが必要です。

イライラを手放すにはどうしたらいいのでしょうか？　私自身が実践し、みなさんにもアドバイスしている方法が「視点置き換え法」です。

私たちが普段見ているものは、すべて自分の視点で見ています。イライラしたときには、それを相手の視点に変えて、相手がどうしてそういう行動をとるのか想像してみましょう。自分のカメラで見ていたことを、相手のカメラで見るイメージです。

例えば、休日に、夫がいつまでも寝ていて家事も子育てもサポートしてくれず、イライラ。そのときに、「なんで自分だけ休んでいるの？　私だって休みたいのに……」というのは、あなたの視点。でも、夫の視点に置き換えてみると、「最近残業続きで、休みの日くらいぐっすり眠りたい」と思っているのかも。相手に少し共感できる部分が出てきませんか。

そうすれば、ただイライラするのではなく、「朝はゆっくり寝かしてあげて、午後からは一緒に買い物に行ってもらおう」など解決策が模索でき、イライラもしずまってくるはずです。試してみてくださいね。

ゆる
ライフ
11

何でもひとりでがんばらない！力を抜いて心と体をほどく

私が今まで見てきたやせにくい人に多いのが、どんなに力を入れてマッサージをしても、気持ちよくない、痛くもないといった体の状態。硬すぎてガチガチの体になっている人です。

体の硬さは、その人の思考と密接な関係があります。

人に頼るのが苦手、がんばり屋さん、がまんするといったメンタルの人は、いつもひとりでがんばり、耐えて、常に体が緊張しています。体が硬くなるのも当然。心の硬さが体の硬さを作るのです。

そういう人にとっては、ガチガチなのが普通。自分の体が硬いといった自覚がありません。でも、ゆるめないとやせません。そのためには、体をもみほぐすよりも、まずは心をゆるめることから。思考が変われば、体も変わります。

何でも「私ががんばらないと……」ではなく、「自分ができないことは人に助けてもらい、大変なときには誰かに変わってもらってもいい」。そんなふうに力を抜くことができると、徐々に凝り固まっていた心も体もほどけていきます。

体がガチガチの人は、そう言われても「でも、私しかできないことだし……」と思うことでしょう。昔の私が、そうでしたから。

でも、自分がいなくてもたいていのことはどうにかなります。これも私の経験です。だから今では、「私ががんばらないと……」という考え方は解放しました。

ひとりでがんばらなきゃと思っているときは、視野もせまくなって、私を助けてくれる人なんていないと思ってしまいがち。でも心を解放すると視野も広がって、何もかもひとりで抱え込まないでもできる方法が見えてくるものです。

もっと力を抜いて、自分の心と体をいたわってあげてくださいね。

ゆる
ライフ
12

秘技「アホ顔」で一瞬にして心と体をゆるめる

やせるには血流をよくすることが大切！　そこで、一瞬で血流がよくなって体がゆるむ方法を紹介します。

それは、「アホ顔」（笑）！

たまに子どもがどこか遠くを見ながら「あれ、いまどこにいるの？」「今、どこかに飛んでいった？」みたいにボーッとした顔をしていることがありますよね？　それって、体の緊張がゆるむといった観点から言えば、すごくいいことなんです。

私たちは、ストレスがかかったり、緊張したりすると、知らず知らずのうちに歯をくいしばっています。

もしかしたら、夢中になってスマホでメールを打ったり、パソコン作業をしたりしているときも、顔に力が入っている人がいるかも？

あごは、首〜肩へとつながっているので、歯をくいしばっていると、首〜肩がカチカチに緊張して上半身の血流が悪くなり、顔がむくんだり、肩こりなどの原因にもなります。

それを瞬時にゆるめる方法が、「アホ顔」です。

やり方は簡単！　だら〜んと力を抜いて、目線は斜め上に向けて、首は自然に傾けます。口は半開きにして、そのまま10秒キープして、ボーッとします。このときは背中が丸くなっていてもOK！

すぐにできるので、今、やってみてください。

何だかじわ〜んとしてきませんか？　めちゃくちゃ気持ちがよくないですか？　ゆるむ感じがしませんか？

私たちはいつも頭で何かを考えて生きています。アホ顔の10秒間は、頭のなかが真っ白になります。それがいいんです！

1日1回、アホ顔をやってみてくださいね。習慣にしたら、しつこい肩こりや頭痛もほぐれていきますよ。

【「アホ顔」のやり方】上半身の体の力を抜き、腕をだら〜んとおろして、斜め上を見て、口を半開きにして10秒キープ！

ゆる
ライフ
13

体重は測らない！大事なのは見た目

「勝手にやせる！　ダイエット」では、22ページでもお伝えしたとおり、体重は測りません。

「やせたかったら、体重を測るな！」が、私の考え方です。

ダイエットをやめたくなる大きな要因のひとつが、がんばっているのに体重が減らないこと。数字の変化に一喜一憂しているとストレスになるばかりです。

もちろん、健康管理のために、定期的に体重をチェックすることは必要です。でも、やせたいのであれば、ダイエット中に、毎日、体重を測ることはやめましょう。体重だけでなく、体脂肪も同じです。

とにかく、やせたい心をつまずかせるのは、ストレスです。がんばってダイエットをしているときに、体重が減ることだけを求めていると、結果がなかなか出なくて、つらくなってしまいます。そもそも、体重は誰でも簡単に減るものではありません。

ダイエットを始めたばかりのときには順調に減っていったとしても、必ず、低迷期がきたりリバウンドをすることがあります。

私は、体重が減ることよりも、「いかに見た目が変わるか」のほうが大事だと考えます。

事実、同じ身長・体重でも、ポチャポチャしている人もいれば、引き締まって見える人もいます。体重が落ちたのに「えっ？　やせたの？　どこが？」なんてことを言われたら、それこそショックですよね。

見た目が変わって着たかった服が着られるようになるか、そこに注目しましょう。だから、お腹まわりのサイズを測ることは大切！

そして、体重計ではなく、着たい服を着てみて「あと少しで着られそう！」など体の変化を確認して、「もうちょっとがんばろう」とダイエットに対するモチベーションをキープしましょう。

ゆる
ライフ
14

行きたい方向に歩くだけ！休日は非日常のワクワク体験

ストレスを減らす様々な方法を紹介してきましたが、ストレスフリーで過ごす方法は、実はとてもシンプルです。それは、自分の心と体の求めることをすることと、そのままの自分で生きること。そのままの自分で生きられるようになると、心も体も緊張することなく、ゆるゆるふわふわになります。誰でも自分が思った通りに行動していくことができれば、それが一番幸せですよね。

そうは言っても、家庭のこと、仕事のことなどを考えたら、いつも自分が求めるようには行動できない……という人は多いかもしれません。そこで、私がみんなにおすすめしているのが、休日など時間に余裕のあるときに、「目的や時間を決めずに、自分の行きたい方向に歩いてみる」

ことです。

家から出てまっすぐの道を歩いていき、交差点になったら、そのときに自分が行きたい方向に歩いていってみる。また分岐点になったら、そのときに行ってみたいと感じたほうへ向かってみる。

行きたい方向を選ぶときには、「あっちに行くと帰りにスーパーに寄って買い物ができるから効率がいいな」と頭で考えるよりも、そのときの直感を信じて進みましょう。

頭で考えると、体が緊張して筋肉がこわばり、血液の流れが滞って老廃物がたまり、余分な脂肪がついてしまいます。

「何となくこっちの方向に呼ばれている気がする」「何か楽しそうな音がしてくるから、ここを曲がってみよう」「今、風の香りがしてきたからこっちに行ってみよう」といった要領で、五感を使って、感じるままに歩いてみてください。

今まで何度も通っている道でもこれまで気づかなかった発見があったり、とても新鮮でワクワクして、心も体もゆるみます。

ゆるライフ 15

1日の終わりは「妄想睡眠」で幸せいっぱい♪

1日の終わり、ベッドに入って目をつぶると、「あ〜今日もまたイライラして子どもを怒っちゃったな」「会議でうまくプレゼンテーションできなかったな」と、後悔や反省ばかり浮かんでくることはありませんか？　あるいは、「明日、朝起きたらお弁当を作って洗濯機を回して……」などと翌日の段取りを考えてみたり……。

これでは、体は横になっていても、頭は休むことなくフル回転していて、リラックスできず、心身ともに緊張状態のままです。

現実世界で毎日大変なのに、寝る前まで大変なことを考えることはやめましょう。

そこで、24時間気持ちよく過ごすために、1日の終わりまで心地よく過ごす方法を考えました。「妄想睡眠」です。

寝るときは何もしないし、何にもとらわれないし、自分だけの自由な時間です。憧れの人とデートすることを想像したり、南国の島で何もせずに優雅なひと時を過ごす自分を思い浮かべたり、自分が王女様になった生活をイメージしてみたり……。

あなたがワクワクすることを自由に妄想しちゃいましょう。

なかなかそんな気持ちになれない人は、寝る前に妄想と現実が少しでも近づくような環境を作ってみては？

「憧れの人とデートしたい！」と思ったら、いつものパジャマよりもちょっとお洒落なナイトウエアを着てみる。「南の島に行きたい！」と思ったら、波の音を流してみる。「王女様になった生活をしてみたい！」と思ったら宮廷のベッドをイメージしてカーテンをつけてみる。

それだけで、グッと妄想がリアルになってきて、リラックスして眠りにつけますよ。68～69ページでお話ししたように、「推し」の写真をベッドに貼るのもおすすめ。夢で会えたら素敵ですね。

伸びるだけで
やせる体の
目指し方

なぜ「勝手にやせる!　ダイエット」は
ラクに見た目が変わっていくのか?
その理由と、ストレスをゼロにして
幸せに生きていくためのヒントを紹介します。

CHAPTER 3

「勝手にやせる！ダイエット」でやせるしくみ

やせたいと思って食事制限や運動をして実際にやせたものの、しばらくしたら元の体重に戻ってしまった……。

誰でもそんな経験を1度はしたことがあるのではないでしょうか？なぜなら、それは太る原因が解消されていないからです。

その原因とは、何度もお話しをしてきたように「ストレス」です。人間関係、子育て、お金の悩み……自分に自信が持てないこともストレスになるでしょう。私たちはストレスがなくならない限り、太ってしまいます。

「勝手にやせる！ダイエット」が、食事制限も運動もしないで自然とやせられるのは、太る根本原因である「ストレス」から解決をしていくから。

その方法が、「5日間のゆるめるワーク」で実践した、「心のワーク」です。

では、心が体にどんな影響を与えるか、実験をしてみましょう。まっすぐ前を向いた状態から、首をゆっくりと左右に回してみましょう。このとき、どのくらい後ろまで見えたかを覚えておいてください。

首を戻したら、〝好きな人にギューッとハグされている〟ことを想像してみましょう。耳元で「○○さん大好きだよ」とささやかれたら……？

そんな状況をイメージしたあとに、再び首を左右に動かしてみてください。体がゆるんで、最初よりも首がよく回り、もっと後ろが見えるようになったのではないでしょうか。変わらなかった人は、もう一度ハグされたときの気持ちを思い浮かべてから、再び試してみてください。

幸せな気持ちになると体がゆるみ、血流がよくなってやせやすくなります。心と体が自分に心地よいペースで生きられたら、太らないのです。

次のページから、そのしくみについて具体的に紹介していきます。

しくみ
01

心が体をつくり、体が心をつくる！やせたいならまずは心を変える

心が体に影響を与える例を、もうひとつお話ししましょう。似た性格の人は、同じ部位が太りやすかったり、同じ場所に体の不調が出たりします。

がんばりすぎる人は、太ももがカチカチでパンパンです。イライラしている人は二の腕が太かったり、背中に痛みが出ます。これは、私が今まで多くの女性たちを見てきて、気づいたことです。

さらに、自信のない人は、下腹が出たり首の痛みがあったりします。そして太っていれば、自分に自信が持てず、ますますぽっこりお腹になったり、首や肩こりがひどくなります。心が体をつくり、体が心をつくるのです。

自分の性格や思考を変えるのは難しいと思うかもしれません。しかし、「心のワーク」や「ゆるライフ」を実践して、心地よい状態を増やしていくと、心とともに体も必ずゆるみます。その結果、全身の血行がよくなり、筋肉がほぐれた状態なら「体のワーク」のように、体を伸ばしたり回したりするだけで代謝がよくなり、ぽっこりお腹が解消されていきます。

しくみ
02

今の脂肪はがんばってきた証拠！自分を否定せずに感謝する

「太っている自分を好きになれない、自信が持てない……」という声をよく耳にします。でも私は、太ってしまうのには、みんなそれぞれに理由があって仕方のないことだと思います。

今、あなたについている余分な脂肪は、あなたが怠惰だったり、ダイエットに挫折してしまったからではありません。その脂肪は、あなたの今までの人生にはたくさんの苦しいことやつらいことがあって、それをたったひとりで乗り越えてきた証。あなたは、食べることでストレスを解消してがんばってきたのです。

ですから、余分な脂肪を嫌いにならないでください。今のあなたの体も脂肪も、あなたの一番のパートナーであり、今日まで苦労をともにしてきた同志。自分で自分の体をハグして「今日まで一緒にがんばってくれてありがとう！　無理させてごめんね。これからもよろしくね」と伝えてあげましょう。そうやって自分と、そしてダイエットと向き合うことが、心をゆるめ、やせやすい体づくりにつながっていきます。

しくみ
03

無理に問題解決しようとせずに理想に目を向けてストレスをゼロに

毎日生きていれば、いろいろなことに悩み、様々な問題にぶつかります。問題を解決しようとして、あらゆることを試してもうまくいかないことも多いでしょう。おそらく、ダイエットもそのひとつではありませんか？

私たちは、問題を解決しようとすると、やる気が落ちたりテンションが下がったりします。結果、それをストレスとして感じてしまいます。

では、どうすればストレスを感じないでダイエットができるのか？

それは、ダイエットがうまくいかない理由を解決しようとせず、そこは無視すること。そして、一番理想の自分の姿を思い描くことです。

「見た目がやせて美しくなったら、何を食べて、どんなことを習慣にしているか？」を考えてみましょう。テンションが上がってきませんか？

理想の姿というゴールが決まったら、それを実現するためにどうするかを考えて、行動に移すだけ。つらい思いをしながら理想の姿を目指すのではなく、誰かに助けてもらったりアドバイスを受けたりしながら、幸せな気持ちでゴールを目指せば、ストレス知らずでダイエットができます。

しくみ 04

仕事、家族、友人など人間関係のストレスをコントロール

ストレスの元の多くは、人間関係だと言われます。相手のことが理解できず苦しんだり、言いたいことが言えずにがまんしたり……。

自分がそうやってがまんしている状態を想像してみてください。

言いたいことが言えないときは、胸や首が緊張して力が入り、胸の筋肉もパンパンに張って硬くなります。すると、呼吸をしようとしても胸が開かず、十分に息を吸うことができません。体内に入ってくる酸素の量が少なくなり血流が悪くなって代謝が落ち、老廃物が流れにくく、太りやすい体になります。

人間関係に悩んで過ごす一年と、そうではない一年とでは、人生の質はもちろん、体の状態も大きく変わってしまいます。自然にやせる体になるには、人間関係のストレスを解消することが必須です。

その方法が、82～83ページの「ゆるライフ10」で紹介した「視点置き換え法」です。人間関係で悩んだときは、「もし私がこの人だったら？」と相手の視点に置き換えて目の前のことを見てみましょう。

しくみ
05

理想の人の行動を真似て自分の思考の癖を変える

自分がやっていることに自信や確信が持てれば、周囲に何か言われても不安になることはないでしょう。しかし、自信がないと誰かに何か言われたときに自分の意見を堂々と返せなかったり、人の意見にすぐに左右されてしまうことに……。そんな自分、やめたいですよね。

完璧ではなかったとしても、このままの今の自分が好き！　と思えたほうが幸せで、ダイエットもうまくいきます。

自信がない人が、今からでもすぐに行動を変えることができる方法があります。「モデリング法」です。

その名の通り、理想の人をモデリング＝真似していく方法で、「5日間のゆるめるワーク」で毎日行うミッションのなかの2つめが、まさにモデリング法です。

自信にあふれた人になりきることで、思考も、歩き方や話し方、選ぶ服や選ぶ食べ物も変わります。太る人は、太る思考と行動をしているから太ってしまうのです。モデリング法で、自己肯定感を上げましょう。

しくみ
06

自分の軸を持って幸せな毎日を過ごす

ストレスを減らす方法を知って、思考を変えて行動しても、これから先の人生には想定外の困難もあることでしょう。

そのときに、「私はこの未来に向かって生きていくんだ！」というゴールが決まっていたら、安心ではないですか？ **私は私の人生を生きていくという自分の軸が決まっていたら、どんなときでもブレずに幸せに進んで行ける気がしませんか？**

ところが「どんな自分になりたいですか？ どんな未来を叶えたいですか？」と聞くと、イメージがわかない人も多いようです。

そこで私は「死ぬ瞬間に何と言って死にたいですか？ 『〇〇な人生だった』の『〇〇』に何を入れたいですか？」と聞くことにしています。

例えばそれを「幸せな人生」と決めておくと、迷ったり悩んだときに、そこに向かうためにどうすればいいのかを考え、今すべき行動が明確になります。あなたは一度きりの人生をどう生きますか？ 思考を変えて、理想の体型になって、あなたが望む未来を叶えていきましょう。

もっと知りたい！

「勝手にやせる！ダイエット」Q&A

よくある質問にお答えします

Q

「心のワーク」は、必ず朝イチにこなさないとダメですか？

朝がベストだけれど難しければ夜でもOK!

ワークをして心身がゆるんだ状態で朝から行動したほうが、やせやすくなります。ただし、朝が無理ならその日の夜に。

Q

「体のワーク」で、肩や腰が痛くなったときにはどうしたらいいですか？

1つの動きだけでなく、伸ばす、ねじる、回すを組み合わせて!

同じ動きを続けるのがつらい人は、痛くならない他の「体のワーク」か、伸ばす、ねじる、回すで１分間に。

Q

ダイエットをしたいけれど、
忙しくてなかなか
時間がとれません

生きている時間は
全部自分の時間、
日常生活の意識を変えてみて!

私たちの体は日々の積み重ね。忙しくても朝から晩までの体の使い方を変えれば、やせます。やるか、やらないかだけ。

Q

5日間のワークを
どうしてもその日のうちに
こなせなかったときは?

ワークはその日にこなすのが大事!
無理だったときは
なるべく早くフォロー

そこで諦めたり、最初の日からやり直す必要はありません。寝坊したり寝落ちした日は、次の日からまた続けましょう。

Q

ストレスをためやすく
常に過食気味、
そんな今の自分を変えたい
のですが……

憧れの人を真似して
行動するだけで
すぐに変われます!

ワークで毎日行った「24時間、かっこいい憧れの人になりきる」がおすすめ！　真似しているうちに変わります。

Q

心と体のワークを
5日間実践しましたが、
サイズに変化がなかった
のですが……

数値の結果が
出ても出なくても
5日間楽しめたなら大丈夫!

この5日間、幸せな気持ちで過ごせましたか？　それなら心も体もゆるんでいるので心配なし。ゆるライフを続けて。

自分の「好き」を書き出そう!

人生すべて自分の「好き」でいっぱいにすれば
心も体もゆるんでダイエット要らずの毎日に!
愛おしい、気持ちいい、ときめく、楽しい……
そんなあなたの「好き」を書き出してみましょう。

SPECIAL WORK

SPECIAL WORK

あなたの好きは何？

五感を呼び覚まして本当の自分を取り戻そう！

自分の「好き」を知って幸せを感じられる毎日を!

好きな色の服を着ているときと、あまり好きではない色の服を着ているときでは、テンションが全く違いませんか?

私たちは、好きなものに包まれて過ごしていると幸せな気分でリラックスできます。脳が気持ちいいと感じることで、体もふっとゆるみます。

でも日々の生活では、立場や相手などに合わせて嫌いなものに関わって過ごす場面もあるでしょう。そんなときは、気持ちが落ち着かず、体もギュッと硬くなって緊張状態に。すると、血流が悪くなり、筋肉や内臓の機能も低下して太りやすい体になってしまいます。

勝手にやせる体になるためには、常に血流をよくしておくことがとても大事。そのとっておきの方法が、「毎日を自分の好きなことで埋めつくす」です。そうすれば心も体もゆるみ、24時間365日、血流のよい体に。

では、あなたの「好き」は何ですか? 五感を研ぎ澄まして、「好き」を書き出してみましょう。

Special Work 1 ─ 視覚

どんな色が好き？

あなたが好きな色はどんな色ですか？　できれば「青」「赤」の一言ではなく、「雲ひとつない青空」「飛び込んでしまいたくなるような透き通った海の青色」……など、あなたが目で見て「好き」と感じる色を具体的な言葉で表してみましょう。

Color

私が好きな色は……

私が好きな色は、夕暮れの青から赤に流れるように変わっていくグラデーションカラー。水彩の色が混ざったような感じも好きだし、原色もすごく好き。例えば赤！　情熱的でパワフルでテンションが上がる色です。

Special Work
2
聴覚

どんな音が好き？

あなたが好きな音はどんな音ですか？　その音がどのような状況で鳴っているのか、その音を聞いたときのあなたの気持ちも書き出してみましょう。心ときめく音、心安らぐ音……など、暮らしのなかの音、思い出の音などを振り返ってみましょう。

Sounds

私が好きな音は……

私が子どものころから好きだったのが、トタンに落ちる雨音、朝の「チュンチュン」という鳥の鳴き声。新緑の時期の爽やかな風がサーッと通り過ぎていく音、南国を思い起こすバンブーチャイムの音も好きです。

Special Work 3 — 触覚

どんな感触が好き？

あなたが好きな感触はどんな手触りや肌触りですか？　どのようなものに触れたときに、幸せな気分になるでしょうか。物、動物、人、食べ物などの好きな感触とともに、そのお気に入りの感触を「ふわふわ」「もこもこ」などの言葉にしてみましょう。

Texture

私が好きな感触は……

私が好きなのは、猫のお腹のふわふわの肌触り。そこに顔をうずめるのが大好き！　赤ちゃんの肌のぷにぷに、もちもちとした感じも気持ちいい。握りつぶしてもすぐに戻るおもちゃのスクイーズのムニムニ感も好きです。

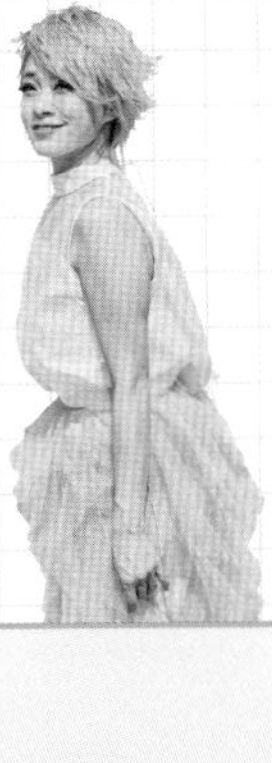

Special Work 4 — 味覚

どんな味が好き？

あなたが好きな味はどんな味ですか？　甘い、辛い、濃い、薄い、こってり、あっさり……。あなたの舌が気持ちいいと感じる味を書き出してみましょう。好きな食べ物というよりも、普段口にしている食べ物の「味」に注目してみてください。

Taste

私が好きな味は……

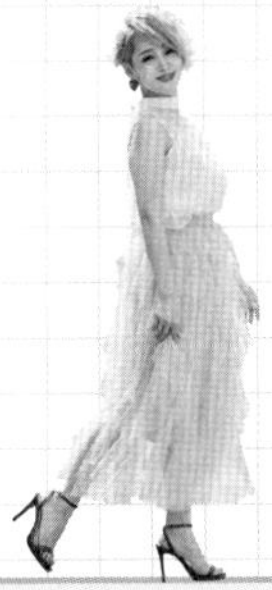

私が好きな味は、みずみずしい梨の甘さ。ナタデココもずっと舌の上に置いておきたい気持ちになります。最近、味覚が感動したのは、病み上がりのときに夫が作ってくれた卵がゆ。やさしい味ですごくおいしかったです。

Special Work 5 ― 嗅覚

どんな匂いが好き？

あなたが好きな匂いはどんな香りですか？　柑橘系の香り、花の香り、パンの焼ける匂い、干したばかりの布団のぽかぽかしたお日さまの匂い……など、世の中にあふれている様々な匂いのなかから、心地よいと感じる匂いを思い出してみましょう。

Smell

私が好きな匂いは……

私が好きな匂いは、茶葉を売っているお店から漂ってくるお茶を煎っているほうじ茶の香り。いれたてのコーヒーの香りもお気に入り。子どもの頭の香り、夏から季節が変わったと感じる秋の匂いも好きです。

おわりに

念願だった〝思考からやせるダイエット〟についてまとめた1冊は、いかがだったでしょうか？

実は、私も以前はひとりで何でも抱えこみ、しんどくてもがまんしてこなす、心も体もカチカチの人でした。

がんばればがんばるほど、お酒や甘いものの量が増えて太り、ついには体調を崩して何もできない、何もしたくない状態に。それをきっかけに、本書で紹介した心と体をゆるめるワークを始め、するするとやせることができたのです。

がまんや無理をしない。言いたいことを言い、やりたいことをできるだけ行動に移す。自分の心と体が気持ちいいところで生きる……。

そうすれば、心はいつもゆるふわで、体がギュッと硬くなることもなくなり、人はやせられます。

あなたはどうすると幸せなのか。自分と向き合い、今の自分を大切にして、自分らしく輝いて生きていきましょう。

蜷川ちひろ

心身ともに ゆるめて
生きているだけで
やせる体に！

著者 蜷川ちひろ

セルフケアダイエットトレーナー。日本チクティビティ協会代表理事。30歳で交通事故にあい頸椎を痛めたことをきっかけに、ヨガと即効性のあるセルフケアを学ぶ。多くの女性が育児や家事、仕事で自分の体を整える時間がとれていないことから、体だけでなく心をゆるめてやせていく新しいダイエット術を考案。その手軽さと即効性で、開催する講座はオンラインも合わせ国内外で即満席になるほど人気。著書に『1分でサイズダウン！下腹しぼりダイエット トイレに行くたびやせる！』（KADOKAWA）がある。

TikTok @chihiro27chictivity
Instagram @chihironinagawachictivity
YouTube 日本チクティビティ協会

5日間《いつかかん》のゆるめるワークで、伸《の》びるだけでやせる体《からだ》に！

勝手《かって》にやせる！ダイエット

2023年5月24日　初版発行
2023年6月30日　再版発行

著者／蜷川《にながわ》　ちひろ

発行者／山下　直久

発行／株式会社KADOKAWA
〒102-8177　東京都千代田区富士見2-13-3
電話 0570-002-301（ナビダイヤル）

印刷所／凸版印刷株式会社

製本所／凸版印刷株式会社

ISBN 978-4-04-606269-7 C0077